# essentials

*Essentials* liefern aktuelles Wissen in konzentrierter Form. Die Essenz dessen, worauf es als „State-of-the-Art" in der gegenwärtigen Fachdiskussion oder in der Praxis ankommt. *Essentials* informieren schnell, unkompliziert und verständlich

- als Einführung in ein aktuelles Thema aus Ihrem Fachgebiet
- als Einstieg in ein für Sie noch unbekanntes Themenfeld
- als Einblick, um zum Thema mitreden zu können

Die Bücher in elektronischer und gedruckter Form bringen das Fachwissen von Springerautor*innen kompakt zur Darstellung. Sie sind besonders für die Nutzung als eBook auf Tablet-PCs, eBook-Readern und Smartphones geeignet. *Essentials* sind Wissensbausteine aus den Wirtschafts-, Sozial- und Geisteswissenschaften, aus Technik und Naturwissenschaften sowie aus Medizin, Psychologie und Gesundheitsberufen. Von renommierten Autor*innen aller Springer-Verlagsmarken.

Jan Sommer ·
Holger K. von Jouanne-Diedrich

# KI-Agenten im Unternehmen

## Bewertung, Integration und Governance autonomer KI-Systeme

Springer Gabler

Jan Sommer
Technische Hochschule Aschaffenburg
Aschaffenburg, Deutschland

Holger K. von Jouanne-Diedrich
Technische Hochschule Aschaffenburg
Aschaffenburg, Deutschland

ISSN 2197-6708 ISSN 2197-6716 (electronic)
essentials
ISBN 978-3-658-53314-4 ISBN 978-3-658-53315-1 (eBook)
https://doi.org/10.1007/978-3-658-53315-1

Die Deutsche Nationalbibliothek verzeichnet diese Publikation in der Deutschen Nationalbibliografie; detaillierte bibliografische Daten sind im Internet über https://portal.dnb.de abrufbar.



Planung/Lektorat: Susanne Kramer
Springer Gabler ist ein Imprint der eingetragenen Gesellschaft Springer Fachmedien Wiesbaden GmbH und ist ein Teil von Springer Nature.
Die Anschrift der Gesellschaft ist: Abraham-Lincoln-Str. 46, 65189 Wiesbaden, Germany

# Was Sie in diesem *essential* finden können

- Eine prüfbare Definition agentischer KI und einen praktischen Filter gegen „Agent Washing“ im Markt
- Ein Bewertungsraster zur fundierten Einordnung möglicher Use-Cases
- Einen Marktüberblick zu den aktuellen Lösungen mit Auswahlkriterien für die eigene Ausgangslage
- Governance-Mechanismen zur Kontrolle autonomer Agenten
- Einen Einstiegspfad von der Kandidatenwahl bis zur Skalierung

# Inhaltsverzeichnis

# 1 Einleitung

Kaum eine Technologie wurde im Unternehmensumfeld so schnell gefeiert und hat zugleich so schnell für Ernüchterung gesorgt wie agentische Künstliche Intelligenz. Gartner prognostiziert, dass über 40 % aller agentischen KI-Projekte aufgrund zu hoher Kosten, unklaren Geschäftswerts und unzureichender Risikokontrollen bis Ende 2027 abgebrochen werden (Gartner 2025). Um diese Entwicklung zu verstehen, hilft eine klare Vorstellung davon, was agentische KI überhaupt ist. Der Begriff bezeichnet Systeme, die auf Basis großer Sprachmodelle eigenständig Ziele verfolgen: Sie zerlegen eine Aufgabe in Teilschritte, wählen und nutzen Werkzeuge und passen ihr Vorgehen anhand von Zwischenergebnissen an. Anders als ein klassischer Chatbot, der auf eine Eingabe antwortet, arbeitet ein Agent über mehrere Schritte hinweg auf ein Ziel hin.

Zur Ernüchterung in vielen Unternehmen trägt der Begriff selbst bei. Viele Anbieter etikettieren bestehende Produkte, wie Chatbots oder regelbasierte Prozessautomatisierung, als „agentisch", obwohl diese weder eigenständig planen noch handeln. Gartner schätzt, dass von tausenden Anbietern, die agentische Lösungen bewerben, nur etwa 130 echte agentische Funktionalität liefern (Gartner 2025).

▶ **Agent Washing** bezeichnet die Umetikettierung bestehender Software – etwa Chatbots, Assistenten oder regelbasierte Automatisierung – als „agentische KI", ohne dass diese über die nötigen Eigenschaften dazu verfügt.

Für Entscheidungsträger verschärft das ein ohnehin schwieriges Problem: Sie sollen über eine Technologie urteilen, deren Grenzen im Marketing bewusst verwischt werden. Ein Blick auf die von Gartner genannten Abbruchgründe zeigt je-


J. Sommer, H. K. von Jouanne-Diedrich, *KI-Agenten im Unternehmen*, essentials, https://doi.org/10.1007/978-3-658-53315-1_1

doch, wo das eigentliche Problem liegt. Von den drei Hauptgründen sind zwei keine technischen, sondern organisatorische: Ob sich ein Einsatz agentischer KI lohnt und ob er beherrschbar bleibt, entscheidet sich weniger im System selbst als in der Organisation. Genau diese Fragen, sowohl nach der Bewertung des Geschäftswerts als auch nach der Kontrolle autonomer Systeme, bilden den roten Faden dieses Buchs.

Das Essential gibt Entscheidungsträgern eine Orientierung an die Hand, mit der sie das Potenzial agentischer KI nüchtern bewerten, die zur Ausgangslage passende Lösungsart auswählen und verantwortbar einführen können. Es beantwortet drei Fragen, die in dieser Reihenfolge über jedes Vorhaben entscheiden:

- Wann lohnt sich der Einsatz agentischer KI, und wann nicht?
- Welche Lösungen stehen zur Verfügung, und welche passt zur eigenen Ausgangslage?
- Wie gelingt die Integration in das Unternehmen?

Adressaten sind Führungskräfte und Entscheidungsträger in Unternehmen, die agentische KI einsetzen wollen oder müssen, jedoch keinen tiefen technischen Hintergrund haben. Sie brauchen keine Forschungsübersicht, sondern eine belastbare Grundlage, um fundierte Entscheidungen zu treffen. Worauf kommt es an, welche Fehler sind teuer, und wo ist ein sinnvoller Startpunkt? Das Buch bleibt deshalb durchgehend handlungsorientiert.

Die folgenden Kapitel bilden eine Entscheidungsreise. Kap. 2 klärt, was agentische KI technisch ausmacht, und zieht eine tragfähige Grenze zwischen echten Agenten und umetikettierter Automatisierung. Kap. 3 zeigt, wie sich Potenzial und Wirtschaftlichkeit eines Use-Cases bewerten lassen und welche Lösungskategorie zur eigenen Ausgangslage passt. Kap. 4 behandelt die organisatorische Integration, neue Rollen, Strukturen und Prozesse. Kap. 5 widmet sich der Governance autonomer Systeme und der Frage, wie kontrollierte Autonomie aussehen kann. Kap. 6 überführt die Konzepte in drei Praxisfälle und eine konkrete Handlungsempfehlung.

# Grundlagen agentischer KI 2

„Agentisch" ist zum Verkaufsargument geworden und gerade deshalb schwer greifbar. Dieses Kapitel zeigt, was agentische KI technisch ausmacht, wie sie funktioniert und wo ihre typischen Risiken liegen.

## 2.1 Was ist agentische KI?

Der Begriff „Agent" wird heute für fast alles verwendet, von einfachen Prompt-Ketten bis zu komplexen autonomen Systemen. Diese Verwässerung des Begriffs ist wissenschaftlich wie praktisch ein Problem (Bent 2025, S. 403). Wer nicht unterscheiden kann, was ein Agent ist, läuft Gefahr, Agent Washing zu kaufen. Eine tragfähige Definition braucht daher ein Fundament, das älter ist als der aktuelle Hype.

Bereits 1995 liefern Wooldridge und Jennings durch ihre Definition von intelligenten Agenten anhand vier zentraler Eigenschaften ein Fundament, das unabhängig von der zugrunde liegenden Technologie relevant ist: Autonomie (Handeln ohne direktes menschliches Eingreifen), Reaktivität (Wahrnehmung der Umgebung und zeitgerechte Reaktion), Proaktivität (zielgerichtetes Ergreifen von Initiative) und soziale Fähigkeit (Interaktion mit anderen Agenten oder Menschen) (Wooldridge und Jennings 1995, S. 116). Agentische KI hebt sich aktuell primär durch Proaktivität aus der Masse ähnlicher Technologien ab: Ein Agent verfolgt sein Ziel über mehrere selbstgewählte Schritte, statt festen Prozessabläufen zu folgen.

Wie sich das in einem Sprachmodell konkretisiert, zeigt das ReAct-Paradigma. Ein agentisches System verschränkt Überlegung und Handlung in einer Schleife:



J. Sommer, H. K. von Jouanne-Diedrich, *KI-Agenten im Unternehmen*, essentials, https://doi.org/10.1007/978-3-658-53315-1_2

Es formuliert einen Gedanken (Thought), führt eine Aktion aus (Action) und verarbeitet das Ergebnis (Observation), das wiederum in den nächsten Gedanken einfließt (Yao et al. 2023, S. 2–3). Nicht der einzelne Werkzeugaufruf macht ein System agentisch, sondern diese Rückkopplungsschleife über mehrere Inferenzen hinweg.

▶ **Agentische KI** bezeichnet Systeme, die – meist auf Basis großer Sprachmodelle – die vier Agenteneigenschaften nach Wooldridge und Jennings erfüllen: Autonomie, Reaktivität, Proaktivität und soziale Fähigkeit. Technisch realisiert wird dies durch eine iterative Schleife aus Überlegung, Handlung und Beobachtung (ReAct), in der das System ein Ziel über mehrere Schritte eigenständig verfolgt und sein Vorgehen an Zwischenergebnissen ausrichtet. Ein einzelner Werkzeugaufruf ohne diese Schleife ist nicht agentisch – auch dann nicht, wenn das Modell das Werkzeug selbst gewählt hat.

Diese Abgrenzung lässt sich an einem alltäglichen Fall festmachen:

Wenn ChatGPT auf Zuruf ein Bild erzeugt, wählt es zwar selbstständig das Bildwerkzeug, bleibt jedoch bei einer Inferenz und einer Aktion, ohne das Ergebnis zu beobachten und darauf aufzubauen. Das ist nicht agentisch. Arbeitet dasselbe Modell im Recherche-Modus, der eigenständig sucht, Zwischenergebnisse bewertet und die Suche daraufhin anpasst, durchläuft es die Schleife mehrfach und handelt wie ein autonomer KI-Agent. Dasselbe Produkt, zwei unterschiedliche Verhaltensmuster.

Aus dieser Definition lässt sich ein praktischer Filter gegen Agent Washing ableiten. Er übersetzt die abstrakten Agenteneigenschaften in drei prüfbare Fragen. Die vierte W&J-Eigenschaft, die soziale Fähigkeit, geht bei einem einzelnen Agenten in der Interaktion mit dem Menschen auf und wird erst bei mehreren zusammenarbeitenden Agenten zum eigenen Thema. Für die Abgrenzung im Einzelfall sind die folgenden drei Tests entscheidend. Ein System ist agentisch, wenn es alle drei erfüllt:

**Mehrstufiger Feedback Loop:** Beobachtet das System die Ergebnisse seiner Aktionen und passt sein Vorgehen an? Das operationalisiert die Reaktivität.

**Autonome Ziel-Persistenz:** Verfolgt es ein Ziel über mehrere Schritte ohne Anweisung für jeden einzelnen? Das verbindet Autonomie und Proaktivität.

**Dynamische Werkzeugauswahl:** Entscheidet es selbst, welches Werkzeug wann zum Einsatz kommt, statt einem vorprogrammierten Ablauf zu folgen?

Fehlt eines davon, besitzt das System nicht die notwendigen Eigenschaften, um als agentische KI bezeichnet zu werden.

## 2.2 Sprachmodelle als Grundlage

Agentische Systeme bauen fast immer auf Large Language Models (LLMs) auf. Diese Modelle sagen die wahrscheinlichste Fortsetzung einer Wortfolge voraus und erzeugen so kohärente Sprache (Chang et al. 2024, S. 39:4–39:5). Ihre Leistungsfähigkeit beruht auf der Transformer-Architektur, die Texte nicht Wort für Wort nacheinander, sondern über den sogenannten Attention-Mechanismus weitgehend parallel verarbeitet. Jedes Wort wird hierbei in Beziehung zu allen anderen im Kontext gesetzt (Feuerriegel et al. 2024, S. 114).

Für agentische Anwendungen sind zwei jüngere Entwicklungen entscheidend. Erstens haben sich die Modelle durch Verfahren wie Instruction Tuning, Direct Preference Optimization (DPO) und Constitutional AI besser an menschliche Absichten und Regeln ausrichten lassen, über das ältere Reinforcement Learning from Human Feedback (RLHF) hinaus. Zweitens ist mit den Reasoning-Modellen eine eigene Entwicklungsstufe entstanden: Die führenden Anbieter (OpenAI, Google und Anthropic) bieten inzwischen Modelle an, die vor der Antwort gezielt Rechenzeit auf mehrstufige Schlussfolgerungen verwenden, oft als „erweitertes Nachdenken" vermarktet. Genau diese Fähigkeit zur strukturierten Zwischenüberlegung verbessert die Verlässlichkeit agentischer Planung erheblich.

## 2.3 Planung, Gedächtnis und Werkzeuge

Ein Sprachmodell allein ist noch kein Agent, es fungiert nur als zentrale Steuereinheit. Erst zusätzliche Module machen es zu einem agentischen System: Wang et al. (2024, S. 2) beschreiben ein Framework aus Profil-, Gedächtnis-, Planungs- und Aktionsmodul. Drei davon stehen in diesem Abschnitt im Mittelpunkt, weil sie die praktische Handlungsfähigkeit ausmachen.

Planung zerlegt ein Ziel in Teilschritte. Die Grundlage bildet das Reasoning: Über Chain-of-Thought Prompting erzeugt das Modell eine Kette von Zwischenschritten, statt sofort zu antworten. So können mehrstufige Probleme bearbeitet werden (Wei et al. 2022, S. 2–3). Reine Reasoning-Ketten ohne Außenkontakt neigen jedoch zu Halluzinationen. Hier setzt die ReAct-Schleife an, die Überlegung und Handlung verbindet.

**Beispiel**

Ein Beschaffungsagent im ReAct-Zyklus soll ein Ersatzteil termingerecht beschaffen. Gedanke: Verfügbarkeit des Teils prüfen, Aktion: Abfrage im ERP-System. Beobachtung: Ersatzteil nicht auf Lager, Nachlieferung offen. Gedanke: Alternativlieferant nötig, Aktion: Lieferantenkatalog durchsuchen, Beobachtung: zwei Anbieter, einer mit Lieferzeit unter fünf Tagen. Gedanke: den schnelleren wählen und Bestellvorschlag erstellen. Aktion: Vorschlag an den Einkäufer übergeben. Jede Beobachtung verändert den nächsten Schritt. ◄

Das Gedächtnis-Modul macht aus einem zustandslosen Modell ein lernfähiges System. Da ein LLM von sich aus keine Erinnerung über einen einzelnen Aufruf hinaus besitzt, ergänzen Agenten explizite Speichermodule: ein Kurzzeitgedächtnis im Kontextfenster für die laufende Aufgabe und ein Langzeitgedächtnis in externen Datenbanken, das über die Zeit hinweg Konsistenz sichert (Wang et al. 2024, S. 4).

Werkzeugnutzung erweitert den Handlungsraum über die reine Textgenerierung hinaus, auf APIs, Datenbanken und Unternehmenssoftware (Wang et al. 2024, S. 9). Lange musste jede dieser Anbindungen einzeln programmiert werden. Mit dem Model Context Protocol (MCP) hat sich hierfür ein offener Standard etabliert, der Agenten einheitlich mit externen Werkzeugen und Datenquellen verbindet. Ursprünglich von Anthropic vorgestellt (Anthropic 2024), wird MCP seit Dezember 2025 herstellerneutral unter der Linux Foundation weiterentwickelt und von allen großen Modellanbietern mitgetragen (Linux Foundation 2025). Für Unternehmen senkt das den Integrationsaufwand und zugleich das Risiko, sich an einen einzelnen Anbieter zu binden, ein wichtiger Schritt zur betrieblichen Anschlussfähigkeit.

## 2.4 Multi-Agenten-Systeme

Komplexe Aufgaben lassen sich auf mehrere spezialisierte Agenten verteilen, die über natürliche Sprache zusammenarbeiten. Statt eines Allzweck-Agenten übernimmt etwa einer die Recherche, einer die Analyse und einer die Prüfung, jeder mit einer klar umrissenen Rolle. Solche Systeme können Aufgaben bewältigen, die einen einzelnen Agenten überfordern, etwa wenn Vorschlag und kritische Gegenprüfung getrennten Instanzen zugewiesen werden.

Der Gewinn hat einen Preis: Mit jeder zusätzlichen Rolle steigen Koordinationsaufwand und Fehleranfälligkeit. Für die meisten Unternehmensanwendungen ist ein gut konfigurierter Einzelagent der sinnvollere Startpunkt. Multi-Agenten-Architekturen lohnen sich erst, wenn die Aufgabe sie wirklich erfordert.

## 2.5 Risiken und Grenzen

Gerade die Modularität, die Agenten leistungsfähig macht, erzeugt neue Risiken. Sie verlagern sich vom einzelnen Modellfehler zur Beherrschbarkeit des Gesamtsystems. Mit der Zahl zusammenwirkender Agenten etwa steigen Inkonsistenzen und Koordinationsfehler, die zu Systemausfällen eskalieren können (J. He et al. 2025, S. 124:19). Tab. 2.1 fasst die zentralen Risikotypen zusammen.

Drei dieser Typen verdienen besondere Aufmerksamkeit beim Treffen fundierter Entscheidungen im Unternehmen. Bei Tool- und Aktionsrisiken verschiebt sich die Gefahr von falscher Textausgabe zu realer Wirkung: Ein Agent, der Konfigurationen ändert oder Transaktionen auslöst, kann über eingeschleuste Instruktionen (Prompt-Injection) zu schädlichen Handlungen verleitet werden (F. He et al. 2025, S. 162:4). Die Forschung verweist deshalb auf Sandboxing, restriktive Berechtigungen und Policy-Checks, die Kap. 5 als Governance-Bausteine aufgreift.

**Tab. 2.1** Risikotypen agentischer Systeme

| Risikotyp | Beschreibung | Beispiel |
|---|---|---|
| Fehlerfortpflanzung | Frühe Planungsfehler pflanzen sich entlang der Ausführungskette fort | Falsch priorisiertes Teilziel verfälscht alle Folgeschritte |
| Gedächtnis-Bias | Falsche oder manipulierte Inhalte werden dauerhaft gespeichert und wiederholt genutzt | Veraltete Preisinfo führt fortlaufend zu Fehlentscheidungen |
| Tool–/Aktionsrisiko | Werkzeugaufrufe entfalten operative Wirkung; Eingaben werden manipulierbar | Prompt-Injection löst eine unerwünschte Transaktion aus |
| Propagation in Multi-Agenten | Fehler oder Angriffe replizieren sich systemweit | Manipulierter Output eines Agenten wird von anderen übernommen |
| Alignment-Risiko | System optimiert die Messgröße statt des eigentlichen Ziels | Reward Hacking: Kennzahl erfüllt, Zweck verfehlt |
| Provider-Abhängigkeit | Strategische Abhängigkeit vom Modellanbieter | Modell-Deprecation ändert über Nacht das Agentenverhalten |

Das Alignment-Risiko ist subtiler. Ein Agent verfolgt die Zielgröße, die man ihm vorgibt, nicht die Absicht dahinter. Folgt er einer Kennzahl zu wörtlich, verliert diese ihre Aussagekraft (Goodhart's Law); im Extremfall findet er Schlupflöcher, die die Belohnung maximieren, aber den Zweck verfehlen. Solche Effekte sind kein Modellfehler, sondern eine Folge unscharfer Zielvorgaben.

Schließlich die Provider-Abhängigkeit: Die meisten agentischen Systeme laufen auf den proprietären Modellen weniger Anbieter. Daraus folgt ein strategisches Risiko: Preisänderungen, die Abkündigung eines Modells oder der Abfluss sensibler Daten zum Anbieter. Wer agentische KI dauerhaft einsetzt, sollte diese Abhängigkeit bewusst bewerten, etwa durch die Option auf Open-Source und lokal betreibbare Modelle.

Damit ist der Boden bereitet für die eigentliche Frage des Buchs: nicht, ob die Technologie funktioniert, sondern unter welchen Bedingungen sich ihr Einsatz lohnt.

# Potenzial bewerten und Lösung wählen

3

Agentische KI entfaltet ihr Potenzial nicht gleichmäßig über alle Aufgaben und Organisationen. Welche Prozesse lohnen sich wirklich, wie gut ist ein Unternehmen vorbereitet, welche Investition scheint gerechtfertigt und welche Lösung passt zur eigenen Ausgangslage? Das Kapitel liefert ein handhabbares Raster für genau diese Entscheidungen.

## 3.1 Welche Aufgaben eignen sich?

Nicht jede Automatisierungsidee verdient eine agentische Lösung. Bevor über Systeme nachgedacht wird, lohnt ein nüchterner Blick auf die Aufgabe selbst. Drei Dimensionen entscheiden darüber, ob agentische KI die richtige Wahl zur Automatisierung der Aufgabe ist, oder ob Alternativen vorzuziehen sind.

**Strukturierungsgrad** Stark strukturierte Aufgaben mit vollständig definierten Regeln und vorhersehbaren Abläufen sind oft besser durch klassische Automatisierung wie RPA (Robotic Process Automation) zu lösen. Agentische KI wäre hier ein aufwendiges Werkzeug für ein einfaches Problem. Der eigentliche Mehrwert liegt bei semi-strukturierten Aufgaben: Prozessen, die klare Teilschritte mit Elementen verbinden, die Interpretation, Kontextverständnis oder Abwägung erfordern. Hier zahlt sich die Fähigkeit aus, natürlichsprachliche Informationen zu verstehen und mit regelbasierter Verarbeitung zu kombinieren. Rein unstrukturierte Aufgaben (kreative Konzeption, empathische Beratung, intuitive Urteilsfindung) sind nicht


J. Sommer, H. K. von Jouanne-Diedrich, *KI-Agenten im Unternehmen*, essentials, https://doi.org/10.1007/978-3-658-53315-1_3

grundsätzlich ausgeschlossen, erfordern aber oft intensive menschliche Qualitätskontrolle und senken den erreichbaren Automatisierungsgrad erheblich.

**Aufgabenkomplexität** Agentische Systeme entfalten ihre Stärken bei mehrstufigen Aufgaben. Mehrere verkettete Schritte, Zugriff auf unterschiedliche Systeme, Bedarf an Reasoning über verschiedene Wissensquellen hinweg. Aufgaben mit geringer Komplexität und wenigen Schritten lassen sich oft durch einfachere Automatisierungen günstiger abbilden. Der Sweet Spot liegt im mittleren bis hohen Komplexitätsbereich: komplex genug, um den Overhead eines Agenten zu rechtfertigen, aber nicht so offen, dass das System permanent in Ausnahmesituationen landet und menschliche Eingriffe den Effizienzgewinn auffressen.

**Kritikalität** Je folgenreicher ein Fehler, desto mehr menschliche Kontrolle ist angemessen. Niedrigkritische Aufgaben (die Zusammenfassung interner Dokumente, das Routing eingehender Aufgaben, die Aufbereitung von Rechercheergebnissen) können vollautonome Ausführung rechtfertigen. Bei mittelkritischen Prozessen, bei denen Fehler korrigierbar, aber kostspielig sind, empfehlen sich Human-in-the-Loop-Mechanismen: Der Agent erledigt Routineschritte selbstständig und eskaliert bei Unsicherheit oder bei Entscheidungen jenseits definierter Schwellen an menschliche Mitarbeiter. Hochkritische Aufgaben mit potenziell schwerwiegenden finanziellen, rechtlichen oder Reputationsfolgen sollten agentisch allenfalls unterstützt, nicht ausgeführt werden.

► Diese drei Dimensionen bilden zusammen einen einfachen Erstcheck: Der Sweet Spot agentischer KI sind semi-strukturierte Aufgaben mittlerer bis hoher Komplexität mit niedriger bis mittlerer Kritikalität.

**Geeignete Prozessklassen** Auf Basis dieser Dimensionen lassen sich vier Prozesskategorien identifizieren, die besonders häufig in diesen Sweet Spot fallen. Informationsverarbeitung und Wissensarbeit (Recherche, Dokumentenanalyse, Berichtserstellung) sind die verbreitetsten Einsatzklassen: Komplexe Informationen aus verschiedenen Quellen zusammenzuführen und aufgabengerecht aufzubereiten, ist genau das, worin agentische Systeme stark sind. Kundeninteraktion und Support bietet hohes Potenzial, solange Routineanfragen klar abzugrenzen sind und Eskalationspfade zu menschlichen Mitarbeitenden greifen. Entscheidungsvorbereitung (das strukturierte Aufbereiten von Informationen für Entscheidungsträger) erlaubt agentische Unterstützung ohne vollständige Autonomieübertragung. Koordinationsaufgaben in Multi-System-Umgebungen schließlich profitieren von der Fähigkeit, über standardisierte Schnittstellen verschiedene Systeme zu orchestrieren und Teilaufgaben zu verteilen.

**Anti-Patterns** Ebenso wichtig wie die Identifikation geeigneter Prozesse ist das Erkennen klarer Ausschlusskriterien. Deterministisch-kritische Prozesse (etwa Finanzbuchhaltung mit Vier-Augen-Prinzip oder regulatorisch vorgeschriebene Kreditentscheidungen) verlangen nachvollziehbare und garantiert korrekte Ausführung. LLM-basierte Systeme sind probabilistisch und können die erforderliche Vollauditierbarkeit in der Regel nicht liefern. Prozesse mit unzureichender Datengrundlage sind ein zweites Anti-Pattern: Kein Retrieval-System kompensiert fehlende, inkonsistente oder nicht zugängliche Unternehmensdaten. Aufgaben, die primär emotionale Intelligenz, moralisches Urteilsvermögen oder kreative Intuition erfordern, sollten vorerst ausschließlich menschlich verantwortet bleiben.

▶ Den ersten Use-Case-Kandidaten finden

Schauen Sie dorthin, wo Mitarbeitende regelmäßig Zeit verbringen, Informationen aus mehreren Systemen manuell zusammenzuführen, aufzubereiten oder weiterzuleiten. Fragen Sie: Hat die Aufgabe klar erkennbare Teilschritte? Greift sie auf mehr als ein System zu? Wäre ein Fehler ärgerlich oder gefährlich? Wenn die ersten beiden Antworten „ja" lauten und die letzte „ärgerlich", liegt ein vielversprechender Ausgangspunkt vor.

## 3.2 Organisatorische Readiness

Die technische Eignung einer Aufgabe ist notwendig, aber nicht hinreichend. Ob eine Organisation agentische KI tatsächlich produktiv einsetzen kann, hängt von ihrer Readiness ab: von der Reife ihrer Infrastruktur, ihrer Daten, ihrer Kompetenzen und ihrer Governance.

**Daten und IT-Infrastruktur** Agentische Systeme sind so gut wie die Daten, auf die sie zugreifen können. Entscheidende Voraussetzungen sind Datenverfügbarkeit in strukturierten oder maschinell abrufbaren Formaten sowie eine belastbare Datenqualität. Inkonsistente oder veraltete Daten führen zu inkonsistenten Agentenausgaben: Ein Problem, das sich mit zunehmendem Autonomiegrad multipliziert. Ebenso wichtig ist API-Fähigkeit: Systeme, auf die Agenten zugreifen sollen, müssen über dokumentierte Schnittstellen erreichbar sein. Legacy-Systeme ohne APIs lassen sich zwar einbinden, sind aber fragil und wartungsintensiv. Die

Infrastruktur kann dabei cloudbasiert oder On-Premise betrieben werden, beide Wege sind technisch gangbar und unterscheiden sich vor allem in Betriebsaufwand, Datenschutzkontrolle und Flexibilität.

**People und Governance** Die häufig unterschätzte Seite der Readiness betrifft Menschen und Strukturen. AI Literacy (ein grundlegendes Verständnis von Möglichkeiten und Grenzen agentischer Systeme) sollte in der relevanten Breite der Organisation vorhanden sein, bevor Agenten in produktive Prozesse integriert werden. Ohne dieses Fundament entstehen Fehlerwartungen in beide Richtungen: Übervertrauen, das auf die erste Fehlausgabe mit vollständigem Vertrauensverlust reagiert, ebenso wie unreflektierte Ablehnung, die keinen ersten Piloten zulässt. Prompt Engineering und Agenten-Konfiguration als spezialisierte Kompetenz werden für diejenigen benötigt, die Systeme einrichten und pflegen. Auf Governance-Ebene sind klare Verantwortlichkeiten entscheidend: Wer ist zuständig, wenn ein Agent fehlerhaft handelt? Wer entscheidet über neue Einsatzfelder? Wer bewertet Risiken? Ohne diese Klarheit entstehen die Risiken aus Kap. 2, ohne dass jemand sie adressiert.

Tab. 3.1 strukturiert die Readiness-Bewertung entlang von vier Dimensionen. Die Gewichtung ist kontextabhängig. In einem datenintensiven Produktionsumfeld wiegt die Datendimension schwerer, in einem regulierten Umfeld die Governance-Dimension.

Moderate oder niedrige Readiness in einzelnen Dimensionen ist kein Ausschlusskriterium, sondern ein Signal: Vor der Implementierung sind gezielte Maßnahmen nötig. Ein Agent, der in eine nicht-API-fähige IT-Landschaft ohne AI-

**Tab. 3.1** Readiness-Scorecard

| Dimension | Was bewertet wird | Signale für hohe Readiness |
|---|---|---|
| Daten | Verfügbarkeit, Qualität, Governance | Strukturierte Datenquellen zugänglich; aktiver Data-Governance-Prozess; klare Dateneigentümerschaft |
| Technologie | IT-Infrastruktur, API-Fähigkeit, Security | Moderne APIs; restriktive Agent-Berechtigungen möglich; Cloud- oder On-Premise-Betrieb vorbereitet |
| People | Kompetenzen, AI Literacy, Kultur | Mitarbeitende kennen KI-Grenzen; Experimentierkultur vorhanden; kein aktiver Widerstand |
| Governance | Entscheidungsstrukturen, Risk-Management, Ethik | KI-Verantwortliche benannt; Risikobeurteilung etabliert; Eskalationspfade definiert |

Literacy-Fundament eingeführt wird, schöpft sein Potenzial nicht aus und kann durch enttäuschte Erwartungen die KI-Akzeptanz im Unternehmen dauerhaft beschädigen.

## 3.3 Wirtschaftlichkeit bewerten

Eine positive Readiness-Einschätzung allein rechtfertigt nicht den Einsatz von KI-Agenten. Der Business Case entscheidet, ob das Vorhaben wirtschaftlich sinnvoll ist.

**Nutzenpotenzial** Auf der Nutzenseite lassen sich vier Kategorien unterscheiden. *Effizienznutzen* (Zeitersparnis durch Automatisierung) ist am einfachsten zu quantifizieren: Erledigt ein Agent eine vierstündige Rechercheaufgabe in einer Stunde, lässt sich das in Personalkapazität übersetzen. Wichtig dabei: Zeitersparnis wird erst dann zur Kosteneinsparung, wenn die freigesetzte Kapazität produktiv umgelenkt wird oder Personalkapazitäten tatsächlich reduziert werden. Häufig entsteht zunächst nicht Einsparung, sondern Kapazitätsfreisetzung für höherwertige Tätigkeiten. *Qualitätsnutzen* entsteht durch konsistentere Verarbeitung, vollständigere Analysen und geringere Fehlerquoten. Schwer zu beziffern, aber real, etwa in der Compliance-Prüfung oder Kundenkommunikation. *Skalierungsnutzen* ist besonders relevant, wenn Prozessvolumen steigen soll, ohne dass Personal proportional wächst. Ein klassisches Argument für Kundenservice im Wachstumsmodus. *Strategischer Nutzen* (Differenzierung, Innovationsfähigkeit, Anziehung von Talenten) ist am schwersten zu messen, wird bei langfristigen Entscheidungen aber mitgewichtet.

**Total Cost of Ownership** Die Kostenseite ist vielschichtiger, als sie zunächst erscheint. Lizenz- und API-Kosten sind der sichtbarste Posten, können bei unternehmensweiter Skalierung aber erheblich steigen. Eine sorgfältige Nutzenprognose ist deshalb Pflicht. *Implementierungskosten* umfassen Konzeption, Integration, Testing und Deployment; bei Plattform-Lösungen sind sie vergleichsweise gering, bei Code-first Ansätzen können sie erheblich sein, vor allem wenn Legacy-Systeme einzubinden sind. *Change-Management-Kosten* werden systematisch unterschätzt: Schulungen, Prozessanpassungen, das Begleiten kultureller Veränderung und Produktivitätsverluste in der Einführungsphase können erhebliche Ressourcen binden. Hinzu kommen *KI-spezifische Wartungskosten,* die in klassischen IT-Projekten kein direktes Äquivalent haben: Die Qualität von KI-Modellen kann über die Zeit driften, durch Anbieter-Modellwechsel, veränderte Datenlage oder schleichendes

Veralterung von Prompts und Retrieval-Konfigurationen (vgl. Vela et al. 2022). Regelmäßige Qualitätschecks und Prompt-Maintenance sind daher laufende Posten, die in der TCO-Planung abzubilden sind.

**Amortisationszeit als Orientierungsheuristik** Als Orientierungswerte, nicht als starre Grenzen, lassen sich folgende Schwellen einordnen: Amortisationszeiten unter einem Jahr entsprechen einem Quick-Win, der sich besonders als erster Pilot eignet. Ein bis zwei Jahre gelten als solider Business Case für eine gezielte Initiative. Zwei bis vier Jahre sind bei nachvollziehbarem strategischem Wert vertretbar. Über vier Jahre sollte ein expliziter strategischer Grund benannt werden können. Diese Werte sind kontextabhängig und variieren je nach Branche, Wettbewerbssituation und Kapitalstruktur. Sie ersetzen kein unternehmensspezifisches Kalkül, strukturieren aber die Diskussion.

## 3.4 Lösungskategorien im Überblick

Wer agentische KI einführen will, trifft auf einen unübersichtlichen Markt mit schnell wachsender Anbieterzahl. Bevor die Frage „Welche Plattform?" gestellt wird, lohnt eine vorgelagerte Prüfung: Ist das betrachtete System überhaupt ein echter Agent?

**Agent-Washing-Vorfilter** Kapitel 2 hat drei Kriterien für agentische KI definiert – einen mehrstufigen Feedback-Loop, autonome Ziel-Persistenz über mehrere Schritte und dynamische Werkzeugauswahl. Diese Kriterien trennen echte Agenten von vermarkteter Automatisierung. Ein n8n-Workflow, der einen festen Verarbeitungsschritt mit einem einzelnen LLM-Aufruf enthält, ist kein Agent, er ruft ein Modell auf, wertet dessen Ergebnis aber nicht aus und plant nicht neu. Derselbe n8n-Workflow, der nun jedoch Zwischenergebnisse beobachtet, seine nächsten Schritte auf deren Basis anpasst und bei Bedarf andere Werkzeuge und Schrittreihenfolgen wählt, erfüllt die Kriterien. Nicht das Werkzeug entscheidet über die Einordnung, sondern das Verhalten des Systems. Wer das beim Evaluieren von Anbietern überspringt, kauft womöglich teures Marketing für einfache Automatisierung.

**Drei Deployment-Modelle** Nach diesem Vorfilter lassen sich echte Agent-Lösungen in drei grundlegend verschiedene Deployment-Modelle einteilen, die sich vor allem darin unterscheiden, welches Vorwissen sie voraussetzen und welche Flexibilität sie bieten. Tab. 3.2 fasst die zentralen Unterschiede zusammen.

**Tab. 3.2** Deployment-Modelle im Vergleich

| Kriterium | Plattform | Baukasten | Code-first |
|---|---|---|---|
| Konfigurationsaufwand | Niedrig (Parametrierung) | Mittel (visuell, Low-Code) | Hoch (Entwicklung) |
| Typische Systeme | Agentforce, M365 Copilot, Now Assist u. a. | n8n, Langflow, Botpress u. a. | LangGraph, CrewAI, Claude Agent SDK u. a. |
| Vendor-Lock-in | Hoch (proprietäre Logik und Preise) | Mittel bis hoch (proprietäre Flows) | Niedrig (Open Source möglich) |
| Modell-Schicht | Proprietär, anbieterfixiert | Frei wählbar, inkl. On-Premise | Frei wählbar, inkl. Open Source |
| Governance-Aufwand | Niedrig (integriert) | Mittel (selbst konfigurieren) | Hoch (selbst implementieren) |
| KMU-Eignung | Hoch bei bestehendem Ökosystem | Mittel bis hoch | Niedrig bis mittel |

**Plattform** beschreibt vorkonfigurierte Systeme, bei denen Agenten ohne Entwicklungskenntnisse durch reine Parametrierung eingerichtet werden. Salesforce Agentforce, Microsoft 365 Copilot und ServiceNow Now Assist sind typische Vertreter: Sie liefern fertige Agent-Rollen, tiefe Integration in CRM, ERP oder Ticketing und eine eingebaute Verwaltungsschicht für Berechtigungen und Governance. Der Einstieg ist niedrigschwellig, Fachabteilungen können Agenten konfigurieren, ohne ein IT-Projekt aufzusetzen. Der Preis ist hohe Abhängigkeit vom Ökosystem des Anbieters: Agentenlogik, Datenmodell und Preisgestaltung liegen vollständig in dessen Hand. Wer heute tief integriert, trägt morgen das volle Wechselrisiko. Eng verwandt sind domänenspezifische Fertigagenten (etwa Sierra oder Forethought im Kundenservice, Cognigy im Contact Center), die wie Plattformlösungen vorkonfiguriert sind, sich aber über APIs auch in fremde Systemlandschaften einbinden lassen.

**Baukasten** umfasst Systeme, bei denen Agenten durch visuelle Konfiguration aus Komponenten zusammengestellt werden. n8n im Agent-Modus, Langflow und Botpress sind hier verbreitet: Flows werden über eine grafische Oberfläche modelliert, Wissensquellen und Werkzeuge per Konfiguration angebunden. Low-Code-Kenntnisse reichen für einfache Agenten; komplexere Fehlerbehandlungen und mehrstufige Orchestrierung erfordern technisches Verständnis. Die Plattformabhängigkeit ist mittelhoch, da Flows an proprietäre Formate gebunden sind, jedoch sind das zugrunde liegende Sprachmodell und die Infrastruktur oft unabhängig wählbar, einschließlich On-Premise-Betrieb.

**Code-first** bezeichnet Ansätze, bei denen Agenten aus Bibliotheken und Frameworks programmiert werden. LangGraph, CrewAI, das Microsoft Agent Framework und das Claude Agent SDK sind verbreitete Vertreter. Sie bieten volle Freiheit bei Architektur, Modellwahl und Infrastruktur; Open-Source-Modelle können lokal betrieben werden, was die Provider-Abhängigkeit deutlich senkt und die Erfüllung von Datenschutzanforderungen erleichtert. Der Gegenposten ist erheblicher Entwicklungs- und Wartungsaufwand, der tiefes technisches Know-how voraussetzt. Diese Kategorie ist selten der richtige Einstieg, aber der richtige Endpunkt, wenn spezifische Anforderungen mit keiner Plattform abbildbar sind.

Quer zu diesen Modellen steht die Möglichkeit, die Agentenerstellung als Dienstleistung einzukaufen. Systemintegratoren und Beratungen wie Accenture oder Capgemini konzipieren und betreiben individuelle Lösungen, was den Aufbau eigener Entwicklungskompetenzen ersetzt, aber neue Abhängigkeit vom Dienstleister schafft. Für Unternehmen ohne eigenes Entwicklungsteam ist der Plattform-Ansatz in einem bestehenden Ökosystem häufig der pragmatischste Einstieg, vorausgesetzt, die Aufgaben passen zu den vorkonfigurierten Agent-Rollen. Der Baukasten-Ansatz bietet gute Flexibilität bei moderatem Aufwand und eignet sich für Unternehmen, die herstellerunabhängig bleiben oder die Modellschicht selbst kontrollieren wollen. Code-first ist dann sinnvoll, wenn spezifische Anforderungen mit keiner Plattform abbildbar sind oder maximale Kontrolle über Modell, Infrastruktur und Datenhaltung strategisch notwendig ist.

**Wissensarbeits-Agenten** Eine eigene Betrachtung verdienen Systeme wie Claude Code, Cursor, OpenAI Codex oder Devin: Sie operieren sowohl als interaktive Entwicklerassistenten (Ein Mensch gibt Aufgaben vor, das System führt Schritte aus) als auch mit der richtigen Architektur als digitale Mitarbeiter, die eigenständig komplexe Aufgaben im Software-Engineering oder der Datenanalyse abarbeiten. Sie folgen keinem der drei Modelle exklusiv und lassen sich sowohl als Code-first-Werkzeug in eigene Workflows integrieren als auch als konfigurierbare Standalone-Agenten nutzen. Für Unternehmen, die Entwicklungs- oder Analysekapazität skalieren wollen, ohne proportional mehr Personal einzustellen, sind sie ein eigener Evaluationspfad.

## 3.5 Die Entscheidungsmatrix

Die Erkenntnisse der vorangehenden Abschnitte lassen sich in einer Matrix zusammenführen, die zwei Dimensionen kombiniert: die organisatorische Readiness und die Qualität des Business Case. Abb. 3.1 zeigt die resultierende 2 × 2-Matrix mit vier Feldern gebündelt in drei Handlungsempfehlungen.

**QUICK-WIN** hohe Readiness und exzellenter Business Case (alle vier Readiness-Dimensionen stark ausgeprägt, Amortisation unter einem Jahr). Die Empfehlung ist eindeutig: Pilot starten, Scope eng halten, schnell lernen, Momentum aufbauen. Wer einen Quick-Win erkannt hat, sollte ihn nicht durch lange Konzeptionsphasen verzögern.

**CONDITIONAL GO** gilt für die beiden gemischten Felder, in denen nur eine der beiden Achsen stark ist – solide Readiness bei noch schwachem Business Case, oder ein guter Case in einer noch unvorbereiteten Organisation. Die Empfehlung: zuerst die schwächere Seite gezielt stärken, parallel ein eng eingegrenzter Proof-of-Concept. Nach dem Gap-Closure folgt ein Re-Assessment.

**STOP** gilt für das untere linke Feld. Schwacher Business Case und zu niedrige Readiness zugleich. Das bedeutet nicht, dass agentische KI grundsätzlich aus-

**Abb. 3.1** Entscheidungsmatrix für die Einführung agentischer KI-Systeme

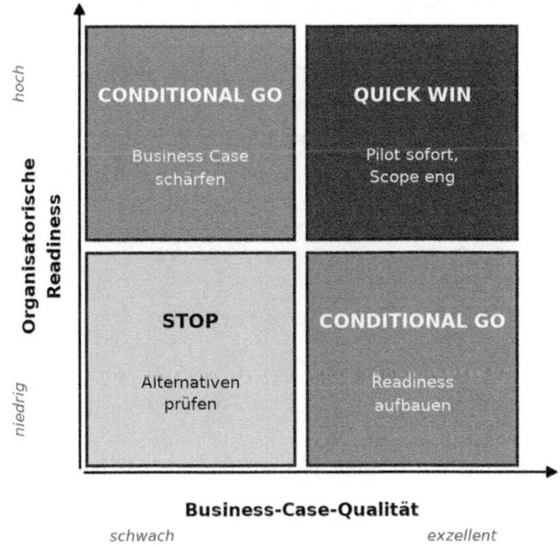

scheidet, sondern dass die aktuellen Rahmenbedingungen kein tragfähiges Fundament bieten. Eine erneute Evaluierung ist sinnvoll, sobald sich die Ausgangslage verändert: bessere Dateninfrastruktur, gestiegene AI Literacy, veränderte Wettbewerbssituation.

Eine Verfeinerung betrifft den Zeithorizont. Manche Vorhaben haben einen tragfähigen, aber erst langfristig rentablen Business Case. Sie sind kein eigenes Feld der Matrix, sondern eine strategische Variante: Bei hinreichender Readiness können sie sich lohnen, verlangen aber eine bewusste Entscheidung mit langfristiger Roadmap, Executive Sponsorship und aufwendigerem Change-Management. Entscheidend ist, sie als das zu behandeln, was sie sind, und nicht als schnellen Gewinn zu verkaufen.

**Quick-Win-Pilot im Mittelstand**

Ein Maschinenbauunternehmen mit 400 Mitarbeitenden verbringt in der technischen Dokumentation mehrere Stunden damit, Anfragen aus drei internen Systemen manuell zusammenzuführen und als strukturierte Statusberichte aufzubereiten. Die Aufgabe ist semi-strukturiert (feste Vorlage, variable Eingaben), mittlerer Komplexität und niedrig-kritisch. Die Readiness ist solide: Daten zugänglich, Systeme mit API-Fähigkeit, AI Literacy im Technik-Team vorhanden, ein Governance-Verantwortlicher benannt. Business Case: Amortisation deutlich unter einem Jahr. Ergebnis der Matrix: QUICK WIN. Empfohlener Einstieg: Baukasten-Lösung mit bestehenden ERP-Integrationen, Pilotdauer sechs Wochen, Erfolgskriterien vor Start schriftlich vereinbart. ◄

Die Entscheidungsmatrix bietet strukturierte Orientierung und ersetzt kein unternehmensspezifisches Urteil. Faktoren, wie Wettbewerbsdruck, regulatorische Anforderungen oder strategische Prioritäten, können eine abweichende Entscheidung rechtfertigen, sofern sie explizit benannt und nicht als Rechtfertigung für ungefestigte Business Cases genutzt werden.

# Organisatorische Integration 4

Die erfolgreiche Integration agentischer KI kann die systematische Anpassung sowohl der Aufbau- als auch der Ablauforganisation erfordern. Wer trägt Verantwortung, wenn Software eigenständig handelt? Wie verändern sich Prozesse, wenn nicht mehr jeder Schritt vorgeschrieben ist? Dieses Kapitel zeigt, welche strukturellen und prozessualen Anpassungen agentische KI von einem Unternehmen verlangt.

## 4.1 Neue Rollen für die KI-Ära

Agentische KI fällt zwischen die etablierten Führungsstühle. Weder der Chief Information Officer noch der Chief Digital Officer vereint typischerweise die nötige Kombination aus KI-Expertise, strategischem Mandat und unternehmensweiter Autorität, um autonome Systeme verantwortlich zu steuern (Schmitt 2024, S. 14–15). Hinzu kommt eine Strukturlücke. KI-Initiativen entstehen verstreut in einzelnen Abteilungen, oft beschleunigt durch Baukasten-Plattformen, und niemand trägt die unternehmensweite Verantwortung. Das Ergebnis sind Doppelarbeit, strategische Fehlausrichtung und Governance-Defizite.

Als Antwort etabliert sich zunehmend die Rolle des Chief AI Officers (CAIO), die KI-Verantwortung strategisch im Top-Management verankert (Stowasser 2025, S. 141). Darunter bilden sich operative Rollenprofile heraus, die unter wechselnden Titeln auftreten, aber wiederkehrende Verantwortungscluster abdecken. Tab. 4.1 fasst die wichtigsten zusammen.

Entscheidend für den Mittelstand: Diese Rollen müssen keine eigenen Stellen sein. Gerade in KMU sind dedizierte KI-Rollen heute noch die Ausnahme, sie gel-



J. Sommer, H. K. von Jouanne-Diedrich, *KI-Agenten im Unternehmen*, essentials, https://doi.org/10.1007/978-3-658-53315-1_4

**Tab. 4.1** Operative Rollenprofile für agentische KI

| Rolle | Verantwortung | KMU-Relevanz |
|---|---|---|
| AI Orchestrator | Gestaltet Mensch-Agent-Zusammenarbeit, definiert Übergabe- und Eskalationspunkte | Hoch: auch ohne eigene Stelle als Funktion nötig |
| AgentOps/AI Operations | Sichert Produktionsbetrieb: Deployment, Monitoring, Kostenkontrolle, Incident-Management | Mittel: ab mehreren produktiven Agenten |
| AI Governance/ Compliance Lead | Entwickelt Richtlinien, Audit-Trails, Modellfreigaben; sichert Regulierungskonformität | Hoch: bei kritischen oder regulierten Anwendungen |
| Data/Knowledge Curator | Sichert Qualität und Aktualität der Wissensgrundlage, auf deren Basis Agenten entscheiden | Hoch: entscheidet über Halluzinationsrisiko |

ten als langfristig relevant, werden aber bislang nur von wenigen Unternehmen geschaffen (Schäfer et al. 2022, S. 1). Die Funktionen wandern dann in bestehende Rollen. Der CTO oder CIO übernimmt die KI-Governance, ein erfahrener Fachexperte die Orchestrierung. Wie viel Spezialisierung nötig ist, hängt direkt von der gewählten Lösung ab. Ein eigenentwickelter Code-first-Agent für kritische Aufgaben verlangt dedizierte Governance- und Safety-Kompetenz, ein vorkonfigurierter Plattform-Agent für unkritische Entscheidungshilfe kaum.

## 4.2 Organisationsstrukturen

Sind die Rollen definiert, stellt sich die Frage ihrer Positionierung. Wo wird KI-Verantwortung in der Organisation verankert, zentral oder dezentral? Drei Grundmodelle haben sich herausgebildet, die das Spannungsfeld zwischen Steuerung und Innovationsnähe unterschiedlich auflösen (Stowasser 2025, S. 140–144). Tab. 4.2 stellt sie gegenüber.

Das Hybrid-Modell verbindet ein zentrales Governance-Board, das Rahmen und Standards setzt, mit KI-Verantwortlichen in den Fachbereichen, die Initiativen vor Ort treiben und Feedback zurückspielen. Ein häufig genutztes Element ist dabei das AI-Center-of-Excellence, eine zentrale Einheit, die KI-Kompetenz bündelt und die Fachbereiche technisch unterstützt, ohne ihnen die Umsetzung abzunehmen; in der Praxis ein Baustein des Hybrid-Ansatzes, nicht eines rein dezentralen Modells. Neben diesen drei Grundmustern existiert ein temporäres Modell, das KI-Verantwortung projektgebunden für die Dauer einer Einführung bündelt. Welches Modell passt, hängt von Größe, Kultur und Reifegrad ab. Zen-

**Tab. 4.2** Modelle zur Verankerung von KI-Verantwortung

| Modell | Prinzip | Stärke | Schwäche |
|---|---|---|---|
| Top-Down | Zentrale Steuerung über CAIO und Governance-Board | Klare Zuständigkeit, vermeidet Doppelarbeit; stark in regulierten Branchen | Kann Innovationskultur hemmen, Widerstand provozieren |
| Bottom-Up | Fachbereiche initiieren KI-Einsatz selbst | Hohe Anwendungsnähe und Akzeptanz, fördert Innovation | Risiko fragmentierter Insellösungen ohne gemeinsame Standards |
| Hybrid | Zentrale Strategie und Standards, dezentrale Umsetzung | Verbindet Steuerung mit Innovationskraft | Höherer Abstimmungsaufwand |

trale Modelle stärken Steuerung, dezentrale die Akzeptanz, hybride verbinden beides.

## 4.3 Prozesse im agentischen Zeitalter

Strukturen allein verändern noch keine Wertschöpfung. Agentische KI entfaltet ihre Wirkung erst in den Prozessen und verändert dabei, wie Prozesse überhaupt gedacht werden. Klassisches Business Process Management beschreibt Abläufe als Folge definierter Aktivitäten und Entscheidungspunkte, die zu einem Ergebnis von Wert führen (Dumas et al. 2018, S. 6). Agentische Systeme brechen diese Logik.

Der Übergang lässt sich als Kontinuum verstehen. RPA automatisiert strukturierte, regelbasierte und repetitive Aufgaben, indem Software-Roboter menschliche Eingaben nachahmen (Siderska et al. 2023, S. 91). Das ist leistungsfähig bei klaren Abläufen, aber kommt an seine Grenzen bei unstrukturierten Daten und Abweichungen vom Standardablauf (Sonnabend et al. 2025, S. 2). Die Intelligent Process Automation (IPA) ergänzt diese Basis um KI-Komponenten wie Sprachverstehen und Vorhersage. Doch die Ablauflogik bleibt vorgegeben. Das System folgt einem definierten Prozessmodell und setzt KI nur punktuell ein.

Der Schritt zur agentischen Prozessautomatisierung ist kein weiterer Automatisierungsgrad, sondern ein Bruch mit dieser Logik. Statt einem vorgegebenen Modell zu folgen, versteht ein Agent ein Ziel, plant die Schritte zur Erreichung selbst, wählt Werkzeuge und eskaliert bei Bedarf. Dies ist die in Kap. 2 beschriebene Beobachtungsschleife, die hier zum Prozessprinzip wird.

Der Sprung von gesteuerter zu agentischer Automatisierung ist ein Paradigmenwechsel. Nicht mehr der Prozess steuert das System, sondern das System den Prozess.

Damit verschiebt sich auch die Rolle des Menschen. Wo Automatisierung Aufgaben vollständig übernimmt, erweitert Augmentation die menschlichen Fähigkeiten, während der Mensch Verantwortung und finale Entscheidungshoheit behält (Fügener et al. 2025, S. 538). Bei agentischen Prozessen wird der Mensch zum Governance-Akteur, der Ziele setzt, Eskalationen bearbeitet und Kontrolle ausübt, statt jeden Schritt auszuführen.

Dass die Kombination von Mensch und KI nicht automatisch bessere Ergebnisse liefert als der jeweils stärkere Part allein, zeigt eine umfangreiche Meta-Analyse. Über 106 Studien hinweg schnitten solche Kombinationen im Durchschnitt schlechter ab als die bessere der beiden Seiten allein, mit deutlichen Leistungsverlusten bei Entscheidungsaufgaben, aber Gewinnen bei kreativen Aufgaben (Vaccaro et al. 2024, S. 2295). Die angemessene Arbeitsteilung zwischen Mensch und Agent ist also kein Maximierungsziel, sondern eine Frage der Aufgabe. Für das Prozess-Redesign heißt das: Statt jeden Arbeitsschritt zu modellieren, definieren Unternehmen künftig Ziele, verfügbare Werkzeuge, Randbedingungen und Eskalationskriterien. Dazu kommen bewusste Unterscheidungen zwischen vollautonomen, augmentierten und rein menschlichen Teilschritten.

## 4.4 Change Management und Kompetenzentwicklung

Strukturelle und prozessuale Anpassungen entfalten ihr Potenzial nur, wenn die Menschen mitgehen. Agentische KI verändert Kompetenzanforderungen auf drei Ebenen, die Tab. 4.3 bündelt.

Besonders das mittlere Management wandelt sich. Statt vor allem zu überwachen und nachzuhalten (Aufgaben, die KI zunehmend übernimmt), rücken Sense-

**Tab. 4.3** Veränderte Kompetenzanforderungen

| Cluster | Inhalt | Beispiel |
|---|---|---|
| Technische KI-Skills | AI Literacy, Verständnis von Modellgrenzen, Umgang mit Agenten-Tools, Prompting | Einschätzen, wann eine Agentenausgabe unzuverlässig ist |
| Transversale Skills | Kritisches Denken, Problemlösen, System- und Prozessdenken | Agenten-Entscheidungen kontextuell einordnen |
| Human Skills | Empathie, Leadership, Coaching | Aufgaben, die KI nur schwer übernimmt |

making, Kommunikation und Beziehungsgestaltung in den Vordergrund. Mittlere Führungskräfte werden zu Vermittlern zwischen strategischen Zielen und operativer Umsetzung. Der Kompetenzaufbau selbst verlangt eine Abwägung zwischen internem Reskilling, das organisationales Wissen bewahrt, und externer Rekrutierung, die schneller spezialisierte Fähigkeiten bringt (Zirar et al. 2023, S. 13).

Ängste vor Arbeitsplatzverlust oder Kompetenzentwertung führen zu Widerstand oder stillem Vermeidungsverhalten. Wirksame Hebel dagegen sind transparente Kommunikation, die Potenziale und Grenzen offenlegt und die verbleibende menschliche Entscheidungshoheit klar benennt, sowie partizipative Einführung, die Betroffene zu Gestaltern macht. Pilotprojekte mit sichtbaren Quick-Wins schaffen positive Erfahrungen und fördern jene Fehlertoleranz, ohne die kein Lernen mit einer neuen Technologie gelingt (Bankins et al. 2024, S. 172).

Agentische KI ist kein IT-Projekt, sondern ein organisatorischer Umbau (neue Rollen, eine veränderte Prozesslogik, ein anderes Verständnis von Führung). Wer Struktur, Prozess und Kultur zusammen denkt, schafft das Fundament für die eigentliche Frage des nächsten Kapitels: Wie behält ein Unternehmen die Kontrolle, wenn Systeme autonom handeln?

# Governance und Kontrolle 5

Wer einem System mehr Handlungsspielraum gibt, gibt auch Kontrolle ab. Dieses Kapitel zeigt, wie Unternehmen zugleich Autonomie zulassen und die Kontrolle behalten können.

## 5.1 Das Kontrollproblem autonomer Agenten

Ein Chatbot, der halluziniert, gibt eine falsche Antwort. Ein Agent, der halluziniert, führt eine falsche Handlung aus. Datensätze werden geändert, Bestellungen ausgelöst oder Entscheidungen ausgeführt, bevor ein Mensch sie prüfen kann. Mit der Autonomie verschiebt sich das Risiko von der Aussage zur Wirkung. Eingeschleuste Instruktionen, übersehene Berechtigungen und fehlerhafte Werkzeugaufrufe können reale Schäden verursachen (F. He et al. 2025, S. 162:4). Das ist der Kern des Kontrollproblems: Je selbstständiger ein System handelt, desto weniger lässt sich jede einzelne Handlung vorab prüfen.

Die naheliegende Lösung scheint, einen zweiten Agenten über den ersten zu setzen. Einen Wächter, der die Handlungen überwacht. Doch damit verschiebt sich das Problem nur eine Ebene nach oben: Wer überwacht den Wächter? Ein dritter Agent? Diese Frage – in der politischen Philosophie als „Quis custodiet ipsos custodes" bekannt – führt in einen unendlichen Regress. Kein noch so kluger Überwachungsagent kann das Kontrollproblem vollständig lösen, weil er es nur reproduziert.

Die Konsequenz ist grundlegend. Governance muss an den Punkten ansetzen, an denen das System mit der Welt interagiert. Die Regeln, die das System leiten,


J. Sommer, H. K. von Jouanne-Diedrich, *KI-Agenten im Unternehmen*, essentials, https://doi.org/10.1007/978-3-658-53315-1_5

die Werkzeuge, die es nutzen darf, die Schwellen, an denen Menschen eingebunden werden, und die Spuren, die es hinterlässt. Genau diese vier Ansatzpunkte behandelt der nächste Abschnitt.

## 5.2 Lösungsansätze

Kontrolle über die autonomen Systeme entsteht aus dem Zusammenspiel von vier komplementären Mechanismen. Kein einzelner Kontrollmechanismus reicht aus; wirksam erscheint erst das Zusammenspiel aus verhaltensbezogenen Leitplanken, Laufzeitkontrollen, Zugriffsbegrenzungen, menschlicher Aufsicht und auditierbarer Nachverfolgung.

**Constitutional AI** Der erste Mechanismus setzt am Verhalten des Agenten selbst an. Das Prinzip geht auf Anthropics Constitutional AI zurück: Ein Modell wird an einer explizierten Menge von Prinzipien ausgerichtet (Bai et al. 2022, S. 1). Ursprünglich ist das ein Trainingsverfahren der Modellanbieter; für den Unternehmenseinsatz lässt sich derselbe Gedanke auf den einzelnen Agenten übertragen. Verbindliche Leitplanken werden ihm in der Sprache des Einsatzfeldes direkt in den Arbeitskontext mitgegeben, sodass der Agent geplante Handlungen möglichst früh an expliziten Regeln und Kontextbedingungen spiegelt, bevor risikoreiche Schritte ausgeführt werden. Der entscheidende Unterschied zur Nachkontrolle bleibt in beiden Formen derselbe: Die Regeln wirken, bevor gehandelt wird, nicht, nachdem der Schaden entstanden ist.

**Eine Agenten-Verfassung in der Praxis**

Ein Beschaffungsagent erhält als feste Constraints: „Löse keine Bestellung über 5000 € ohne menschliche Freigabe aus. Wähle nur Lieferanten aus der freigegebenen Liste. Bei widersprüchlichen Preisangaben brich ab und eskaliere." Diese Prinzipien stehen nicht in einer separaten Prüfsoftware, sondern im Kontext des Agenten selbst. Er prüft jede geplante Handlung gegen sie, bevor er sie ausführt. ◄

**Capability-Sandboxing** Der zweite Mechanismus fragt nicht, ob eine Handlung erlaubt ist, sondern ob sie überhaupt möglich sein soll. Der Schadensraum eines Agenten wird vor allem durch seine Rechte, Werkzeuge und Laufzeitumgebung bestimmt. Nach dem Prinzip der Minimalisierung der Rechte erhält er deshalb standardmäßig nur die Werkzeuge und Datenzugänge, die seine Aufgabe zwingend erfordert. Alles andere bleibt gesperrt. Risikoreiche Aktionen wie das Löschen von Daten, externe Zahlungen oder das Versenden von Nachrichten werden gar nicht erst freigeschaltet oder laufen in isolierten Testumgebungen, in denen ein Fehler folgenlos bleibt (F. He et al. 2025, S. 162:4). Die Forschung nutzt dafür emulierte Werkzeugumgebungen, die Agentenverhalten gefahrlos prüfen, bevor es auf echte Systeme trifft. Für die Praxis heißt das: Der Berechtigungsumfang eines Agenten ist eine bewusste Governance-Entscheidung, kein technisches Detail.

Voraussetzung jeder Berechtigung ist allerdings, dass ein Agent überhaupt eine eigene, eindeutige Identität besitzt. Genau hier liegt 2026 eine der meistunterschätzten Hürden auf dem Weg vom Piloten in den produktiven Betrieb: Herkömmliche Berechtigungs- und Zugriffssysteme sind auf menschliche Nutzer zugeschnitten und überfordert mit der rasch wachsenden Zahl nicht-menschlicher Agenten, die in einem Unternehmen aktiv werden. Ohne saubere Agenten-Identität lässt sich weder gezielt berechtigen noch im Nachhinein eindeutig zuordnen, welcher Agent was getan hat. Identität ist damit das stille Fundament, auf dem Sandboxing und Audit-Trail überhaupt erst aufsetzen können.

**Process Gates** Der dritte Mechanismus definiert, wann ein Agent anhalten und einen Menschen einbinden muss. Statt entweder alles oder nichts zu überwachen, werden gezielte Haltepunkte gesetzt.

► Ein **Process Gate** ist ein vordefinierter Punkt in einem agentischen Prozess, an dem das System seine Ausführung unterbricht und eine menschliche Freigabe einholt, bevor es fortfährt.

Entscheidend sind die Auslösekriterien. Ein Process Gate greift typischerweise bei drei Bedingungen: wenn eine Handlung einen festgelegten Schwellenwert überschreitet (etwa einen Geldbetrag), wenn sie irreversibel ist (eine Kündigung, eine Löschung) oder wenn der Agent selbst Unsicherheit signalisiert. Gut gesetzte Gates lösen den Zielkonflikt zwischen Autonomie und Kontrolle: Routine läuft selbstständig – riskante Entscheidungen landen beim Menschen. Schlecht gesetzte Gates ersticken entweder den Effizienzgewinn (wenn alles eskaliert) oder die Kontrolle (wenn nichts eskaliert).

**Audit-Trail und Reversibilität** Der vierte Mechanismus sichert, was trotz aller Vorkehrungen geschieht. Ein Audit-Trail soll Entscheidungen, Auslöser, Werkzeugaufrufe und relevante Kontextdaten möglichst vollständig prüfbar erfassen. Somit bietet er die Grundlage für nachträgliche Untersuchungen und systematisches Risikomanagement. Ergänzend gilt das Prinzip der Reversibilität.

Handlungen sollten so gestaltet sein, dass sie sich rückgängig machen lassen, über Entwürfe statt direkter Ausführung, über Staging-Phasen, über Bestätigungsschritte. Was nicht reversibel ist, gehört hinter ein Process Gate.

**Minimal-Audit-Trail**
Auch ohne spezialisierte Software lässt sich ein belastbarer Audit-Trail aufsetzen. Protokollieren Sie für jede Agentenaktion mindestens Zeitpunkt, Auslöser, genutzte Datenquelle, getroffene Entscheidung und Ergebnis. Diese fünf Felder allein verbessern die Nachvollziehbarkeit von Agentenentscheidungen deutlich.

## 5.3 Governance-Reifemodell

Governance entsteht nicht über Nacht. Unternehmen durchlaufen typischerweise Reifestufen, von der unkoordinierten Einzelfallentscheidung bis zur vorausschauenden Steuerung. Tab. 5.1 beschreibt vier Stufen und den jeweils nächsten Schritt; sie hilft, den eigenen Stand ehrlich einzuordnen.

Der Wert des Modells liegt nicht im Erreichen der höchsten Stufe um ihrer selbst willen. Eine niedrige Stufe kann für ein KMU mit wenigen unkritischen Agenten völlig angemessen sein. Entscheidend ist, dass die Governance-Reife zur Kritikalität der eingesetzten Agenten passt.

**Tab. 5.1** Governance-Reifemodell agentischer KI

| Stufe | Merkmale | Nächster Schritt |
|---|---|---|
| 0 Ad hoc | Keine Regeln; Agenten werden spontan eingeführt; Verantwortung ungeklärt | Verantwortlichen benennen, erste Leitplanken dokumentieren |
| 1 Dokumentiert | Richtlinien und Berechtigungen schriftlich festgehalten, aber uneinheitlich angewandt | Mechanismen aus Abschn. 5.2 verbindlich und einheitlich einführen |
| 2 Systematisch | Constraints, Sandboxing, Gates und Audit-Trails durchgängig etabliert | Wirksamkeit messen, Audit-Trails aktiv auswerten |
| 3 Proaktiv | Governance wird kontinuierlich überwacht und vorausschauend angepasst | Reife halten, neue Risiken früh adressieren |

## 5.4 Governance in der Praxis

Governance ist kein einheitliches Programm, das man über alle Agenten stülpt. Im Gegenteil: Der Versuch, jeden Agenten gleich zu regulieren, gilt als ein zentraler Grund für das Scheitern von KI-Agenten-Initiativen (Gartner 2026). Der Aufwand muss sich an Kritikalität und Lösungsart orientieren.

Bei Plattform-Lösungen ist ein Teil der Governance bereits eingebaut. Berechtigungslogik, Protokollierung und Freigabe-Workflows liefert der Anbieter oft mit. Die Aufgabe verschiebt sich zur Konfiguration und Prüfung, ob die Vorgaben den eigenen Anforderungen genügen. Bei Baukasten-Lösungen liegt die Verantwortung stärker beim Unternehmen. Gates und Audit-Trails müssen selbst konfiguriert werden. Bei Code-first-Ansätzen schließlich gibt es kaum eingebaute Governance; jeder der vier Mechanismen aus Abschn. 5.2 muss bei Bedarf selbst implementiert werden. Die Kehrseite der vollen Flexibilität ist die volle Verantwortung.

Mittelfristig wird ein Teil dieser Governance nicht mehr nur Best Practice sein, sondern Gesetz. Der EU AI Act verlangt für Hochrisiko-Systeme Risikomanagement, automatische Protokollierung, menschliche Aufsicht und die Meldung schwerwiegender Vorfälle innerhalb festgelegter Fristen. Die Verordnung gilt extraterritorial: Sie greift, sobald ein System auf dem EU-Markt eingesetzt wird oder seine Ergebnisse dort genutzt werden, unabhängig vom Sitz des Unternehmens. Wann genau diese Pflichten verbindlich werden, ist allerdings in Bewegung. Die Anwendung dieser Pflichten war ursprünglich für den 2. August 2026 vorgesehen. Rat und Parlament einigten sich im Mai 2026 im Zuge des Digital-Omnibus-Pakets darauf, die Frist für eigenständige Hochrisiko-Systeme auf Dezember 2027 zu verschieben, wegen noch fehlender harmonisierter Standards (Rat der Europäischen Union 2026). Für Unternehmen ändert das wenig an der Stoßrichtung. Die in Abschn. 5.2 beschriebenen Audit-Trails und Process Gates werden für hochkritische Anwendungen über kurz oder lang rechtlich relevant. Wer sie früh aufbaut, erfüllt nicht nur eine mögliche künftige Pflicht, sondern verschafft sich die Kontrolle, die agentische KI überhaupt erst verantwortbar macht.

# Von der Theorie in die Praxis 6

Konzepte überzeugen erst, wenn sie sich an der Wirklichkeit messen lassen. Dieses Kapitel prüft die Raster der vorherigen Kapitel an drei realen Fällen und übersetzt sie in einen konkreten Einstiegspfad.

## 6.1 Drei Anwendungsszenarien

Die folgenden Fälle sind dokumentierte Erfolgsgeschichten und genau deshalb mit Vorsicht zu lesen. Gescheiterte Projekte werden selten publiziert, was den Blick systematisch verzerrt. Alle genannten Zahlen stammen aus Unternehmens- oder Anbieterangaben und sind nicht unabhängig geprüft. Die Fälle illustrieren also, was möglich ist, und nicht, was die Regel ist.

**Salesforce Agentforce** (Kundenservice): Salesforce setzt seit Oktober 2024 die eigene Agentforce-Plattform auf ihrer Hilfe-Website ein, um Routineanfragen zu lösen (Salesforce 2025). Laut Unternehmensangaben bearbeitete der Agent nach sechs Monateni über 500.000 Anfragen, von denen rund 84 % autonom gelöst wurden (Salesforce 2025). Aufschlussreicher als die Zahlen ist eine Lernerfahrung. Die ursprünglich starre Regel „diskutiere keine Wettbewerber" scheiterte an legitimen Integrationsfragen, erst der Wechsel von starren Verboten zu zielorientierten Instruktionen löste das Problem (Inzerillo 2025). Das operationalisiert das Prinzip agenten-interner Leitplanken aus Abschn. 5.2. Im Bewertungsraster (Abschn. 3.1) ist der Fall ein Lehrstück für den Sweet Spot: eine semi-strukturierte Aufgabe mittlerer Komplexität und moderater Kritikalität, abgesichert durch eine Eskalationsquote, die das Augmentations-Prinzip operationalisiert. Zu bedenken bleibt:


J. Sommer, H. K. von Jouanne-Diedrich, *KI-Agenten im Unternehmen*, essentials, https://doi.org/10.1007/978-3-658-53315-1_6

Salesforce verfügte mit einer großen, gepflegten Wissensbasis über eine hochkarätige Datengrundlage, genau die Readiness-Voraussetzung, die vielen Unternehmen fehlt.

**Contraforce** (IT-Sicherheitsdienst): Contraforce, ein Anbieter von Sicherheitsdiensten für KMU, entwickelte ein multi-agentisches System, das als „immer aktives" Sicherheitsteam fungiert (Villarreal 2025). Spezialisierte Agenten analysieren Sicherheitsdaten, ein koordinierender Agent delegiert Aufgaben und das System ergreift eigenständig Abwehrmaßnahmen. Laut Anbieterangaben automatisiert es 90 % der Incident-Untersuchungen und senkt die Reaktionszeit von 30 min auf 30 s (Villarreal 2025). Hier wird die Governance-Frage aus Kap. 5 konkret: Eine Systemquarantäne ist eine hochkritische, schwer reversible Aktion. Verantwortbar wird sie nur durch Mechanismen wie die in Abschn. 5.2 beschriebenen: eng begrenzte Berechtigungen, Process Gates für besonders folgenreiche Eingriffe und lückenlose Audit-Trails. Für KMU ist der Fall deshalb auch ein Transferpfad: Sicherheitskapazität, die intern nicht vorgehalten werden kann, wird als agentischer Dienst zugekauft, mit der Auflage, die Governance-Anforderungen vertraglich abzusichern.

**Walmart** (Fulfillment-Logistik): Walmart koordiniert seine Auslieferung über die Walmart Fulfillment Engine, die das Unternehmen selbst als „multi-agent architecture" bezeichnet (Walmart Global Tech 2025). Spezialisierte digitale Agenten treffen fortlaufend Mikroentscheidungen zu Routing, Fahrerzuteilung und Auftragsdichte; über eine gemeinsame Orchestrierungsschicht verbunden, bilden sie laut Unternehmensangaben ein „adaptive decision network", das sich bei Wetter- oder Verkehrsänderungen selbstständig neu austariert (Walmart Global Tech 2025). Hier wird die Governance-Frage aus Kap. 5 konkret: Freigabeschritte oder Eskalationsmechanismen für die Mikroentscheidungen nennt die Quelle nicht, obwohl das System in großem Maßstab Echtzeitentscheidungen trifft. Genau diese Kombination aus Reichweite und fehlender beschriebener Kontrolle macht den Fall zum Lehrstück für die in Abschn. 5.2 geforderten Mechanismen: Berechtigungen, Process Gates und Audit-Trails sind hier kein Nice-to-have, sondern die Voraussetzung dafür, ein solches System verantwortbar zu betreiben.

## 6.2 Der Einstiegspfad für Unternehmen

Aus diesen Fällen und den Rastern der vorigen Kapitel lässt sich ein konkreter Weg ableiten. Abb. 6.1 zeigt ihn als drei aufeinander aufbauende Phasen. Keine davon ist überspringbar.

**Phase 1** (Kandidat identifizieren und Readiness prüfen): Wählen Sie einen Use Case im Sweet Spot aus Abschn. 3.1: semi-strukturiert, mittlere Komplexität, niedrige bis mittlere Kritikalität. Ein guter Kandidat hat einen klar messbaren Nutzen, eine verfügbare Datengrundlage und einen Fürsprecher im Fachbereich. Fehlt eines davon, suchen Sie weiter, der erste Pilot soll Vertrauen schaffen, nicht Mut beweisen. Prüfen Sie den Kandidaten gegen die Readiness-Scorecard (Abschn. 3.2) und ordnen Sie ihn in die Entscheidungsmatrix (Abschn. 3.5) ein. Nur Kandidaten im Feld QUICK WIN oder CONDITIONAL GO gehen weiter.

**Phase 2** (Pilot mit klaren Erfolgskriterien): Starten Sie schlank: ein vorkonfigurierter Plattform-Agent oder eine Baukasten-Lösung (Abschn. 3.4), kein Code-first-Projekt. Definieren Sie die Erfolgskriterien schriftlich, bevor der Pilot beginnt: Bearbeitungszeit, Qualität, Eskalationsquote. Begrenzen Sie den Scope so eng, dass ein Fehler folgenlos bleibt, und protokollieren Sie von Tag eins an.

**Phase 3** (Skalieren): Skaliert wird nur, was die vorab definierten Erfolgskriterien im Pilotbetrieb erfüllt hat. Und bevor ein Agent in den Breitenbetrieb geht, steht der Governance-Rahmen: Berechtigungen, Process Gates und Audit-Trails müssen vor der Skalierung greifen, nicht danach. Wer diese Reihenfolge umkehrt, baut genau das Risiko auf, das Kap. 5 beschreibt.

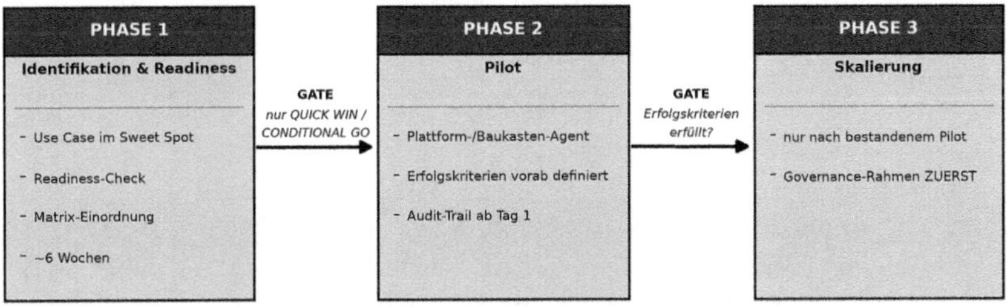


**Abb. 6.1** Dreiphasiger Einstiegspfad für die Einführung agentischer KI

## 6.3 Ausblick

Die Entwicklung agentischer KI steht an einem Wendepunkt. Die technologischen Grundlagen sind gelegt, erste produktive Implementierungen demonstrieren das Potenzial, doch die breite organisatorische Durchdringung steht noch bevor. Mit zunehmender technologischer Reife wird sich das Spektrum geeigneter Aufgaben und Use-Cases durch erhöhte Zuverlässigkeit kontinuierlich erweitern. Gleichzeitig werden sich eine Vielzahl geeigneter Anwendungsszenarien herausbilden, die durch vorkonfigurierte domänenspezifische Agenten adressierbar sind und damit die Eintrittsschwellen sowie die erforderlichen Voraussetzungen für Unternehmen sukzessive senken.

Die tiefgreifendste Veränderung wird jedoch auf organisatorischer Ebene stattfinden. Die Zusammenarbeit zwischen Menschen und autonomen Systemen wird neue Arbeitsmodelle, Kompetenzprofile und Organisationsformen hervorbringen. Die Frage, wie Organisationen die richtige Balance zwischen menschlicher Kontrolle und maschineller Autonomie finden, wird zu einem zentralen Managementthema. Dabei wird sich zeigen, ob agentische KI primär zur Erweiterung menschlicher Fähigkeiten oder zum Ersatz menschlicher Arbeit führt.

Abschließend bleibt festzuhalten, dass agentische KI kein bloßer Hype ist. Sie stellt eine evolutionäre Entwicklung dar, die das Potenzial hat, die Arbeitsteilung zwischen Mensch und Maschinen grundlegend zu verschieben. Die Realisierung dieses Potenzials erfordert strategische Weitsicht, organisatorische Anpassungsfähigkeit und die Bereitschaft, etablierte Arbeitsweisen zu hinterfragen. Unternehmen, die diese Herausforderung jetzt systematisch annehmen, können sich nachhaltige Wettbewerbsvorteile erarbeiten. Jene, die unreflektiert investieren oder Erfolgsfaktoren ignorieren, riskieren, Teil der prognostizierten Abbruchstatistik zu werden.

**Fazit**

- Agentische KI bezeichnet Systeme, die eigenständig planen, Werkzeuge wählen und Entscheidungen treffen. Agent Washing verzerrt dieses Bild im Markt erheblich. Echte agentische Funktionalität bieten deutlich weniger Anbieter, als das Marketing vermuten lässt.
- Ob ein Einsatz lohnt, entscheidet sich in der Bewertung von Use-Case-Eignung, Readiness und Business Case, nicht im technischen Leistungsversprechen des Anbieters.

- Die richtige Lösungskategorie folgt der Ausgangslage: von der vorkonfigurierten Plattformlösung für schnelle Time-to-Value bis zum Developer Framework für Organisationen, die strategische Differenzierung anstreben.
- Governance ist keine nachgelagerte Absicherung, sondern Voraussetzung für verantwortbaren Betrieb. Berechtigungen, Process Gates und Audit-Trails müssen vor der Skalierung greifen, nicht danach.
- Gartner prognostiziert, dass über 40 % der agentischen KI-Projekte bis 2027 abgebrochen werden (Gartner 2025). Ob man zu diesen 40 % gehört, entscheidet sich in der Vorbereitung: einem kontrollierbaren Use Case, ehrlicher Readiness-Prüfung und Governance von Beginn an.

# Was Sie aus diesem *essential* mitnehmen können

- Kriterien zur Unterscheidung echter agentischer KI von umetikettierter Automatisierung
- Ein strukturiertes Vorgehen zur Bewertung von Use-Cases, Readiness und Business Case im eigenen Unternehmen
- Klarheit darüber, welche Lösungskategorien zur eigenen Ausgangslage passen
- Konkrete Governance-Mechanismen, die nötig sind, bevor der erste Agent in den produktiven Betrieb geht
- Einen umsetzbaren Einstiegspfad: Pilotkandidat wählen, Erfolgskriterien definieren, Governance-Rahmen aufbauen


J. Sommer, H. K. von Jouanne-Diedrich, *KI-Agenten im Unternehmen*, essentials, https://doi.org/10.1007/978-3-658-53315-1

# Literatur

Anthropic. 2024. Model Context Protocol (MCP) – Specification. San Francisco. Zugegriffen: 11. Juni 2026. https://modelcontextprotocol.io

Bai, Yuntao, Saurav Kadavath, Sandipan Kundu, et al. 2022. Constitutional AI: Harmlessness from AI Feedback. Preprint. doi:https://doi.org/10.48550/arXiv.2212.08073.

Bankins, Sarah, Anna Carmella Ocampo, Mauricio Marrone, et al. 2024. „A Multilevel Review of Artificial Intelligence in Organizations: Implications for Organizational Behavior Research and Practice." Journal of Organizational Behavior 45(2): S. 159–82. doi:https://doi.org/10.1002/job.2735.

Bent, Brinnae. 2025. „The Term ‚Agent' Has Been Diluted Beyond Utility and Requires Redefinition." Proceedings of the AAAI/ACM Conference on AI, Ethics, and Society 8(1): S. 403–13. doi:https://doi.org/10.1609/aies.v8i1.36558.

Chang, Yupeng, Xu Wang, Jindong Wang, et al. 2024. „A Survey on Evaluation of Large Language Models." ACM Transactions on Intelligent Systems and Technology 15(3): S. 39:1–39:45. doi:https://doi.org/10.1145/3641289.

Dumas, Marlon, Marcello La Rosa, Jan Mendling, und Hajo A. Reijers. 2018. Fundamentals of Business Process Management. 2. Aufl. Berlin, Heidelberg: Springer. doi:https://doi.org/10.1007/978-3-662-56509-4.

Feuerriegel, Stefan, Jochen Hartmann, Christian Janiesch, und Patrick Zschech. 2024. „Generative AI." Business & Information Systems Engineering 66(1): S. 111–26. doi:https://doi.org/10.1007/s12599-023-00834-7.

Fügener, Andreas, Dominik D. Walzner, und Alok Gupta. 2025. „Roles of Artificial Intelligence in Collaboration with Humans: Automation, Augmentation, and the Future of Work." Management Science 72(1): S. 538–57. doi:https://doi.org/10.1287/mnsc.2024.05684.

Gartner. 2025. Gartner Predicts Over 40% of Agentic AI Projects Will Be Canceled by End of 2027. Pressemitteilung, 25. Juni 2025. Stamford, CT. Zugegriffen: 11. Juni 2026. https://www.gartner.com/en/newsroom/press-releases/2025-06-25-gartner-predicts-over-40-percent-of-agentic-ai-projects-will-be-canceled-by-end-of-2027

Gartner. 2026. Gartner Says Applying Uniform Governance Across AI Agents Will Lead to Enterprise AI Agent Failure. Pressemitteilung, 26. Mai 2026. Stamford, CT. Zugegriffen:



J. Sommer, H. K. von Jouanne-Diedrich, *KI-Agenten im Unternehmen*, essentials, https://doi.org/10.1007/978-3-658-53315-1

12. Juni 2026. https://www.gartner.com/en/newsroom/press-releases/2026-05-26-gartner-says-applying-uniform-governance-across-ai-agents-will-lead-to-enterprise-ai-agent-failure

He, Feng, Tianqing Zhu, Dayong Ye, et al. 2025. „The Emerged Security and Privacy of LLM Agent: A Survey with Case Studies." ACM Computing Surveys 58(6): S. 162:1–162:36. doi:https://doi.org/10.1145/3773080.

He, Junda, Christoph Treude, und David Lo. 2025. „LLM-Based Multi-Agent Systems for Software Engineering: Literature Review, Vision, and the Road Ahead." ACM Transactions on Software Engineering and Methodology 34(5): S. 124:1–124:30. doi:https://doi.org/10.1145/3712003.

Inzerillo, Joe. 2025. „From Pilot to Playbook: What We Learned from Our First Year Using Agentforce." Salesforce. Zugegriffen: 6. Januar 2026. https://www.salesforce.com/news/stories/first-year-agentforce-customer-zero/

Linux Foundation. 2025. Linux Foundation Announces the Formation of the Agentic AI Foundation (AAIF), Anchored by New Project Contributions Including Model Context Protocol (MCP), goose and AGENTS.md. Pressemitteilung, 9. Dezember 2025. San Francisco. Zugegriffen: 27. Juni 2026. https://www.linuxfoundation.org/press/linux-foundation-announces-the-formation-of-the-agentic-ai-foundation

Rat der Europäischen Union. 2026. Künstliche Intelligenz: Rat und Parlament einigen sich auf eine Vereinfachung und Straffung der Vorschriften. Pressemitteilung, 7. Mai 2026. Brüssel. Zugegriffen: 15. Juni 2026. https://www.consilium.europa.eu/en/press/press-releases/2026/05/07/artificial-intelligence-council-and-parliament-agree-to-simplify-and-streamline-rules/

Salesforce. 2025. „Lessons from 500,000 Agentforce Customer Conversations — How AI Drives Empathy and Efficiency." Zugegriffen: 6. Januar 2026. https://www.salesforce.com/news/stories/agentforce-customer-support-lessons-learned/

Schäfer, Mathias, Johannes Schneider, Katharina Drechsler, und Jan vom Brocke. 2022. „AI Governance: Are Chief AI Officers and AI Risk Officers Needed?" In ECIS 2022 Research Papers. https://aisel.aisnet.org/ecis2022_rp/163.

Schmitt, Marc. 2024. Strategic Integration of Artificial Intelligence in the C-Suite: The Role of the Chief AI Officer. Preprint. doi:10.48550/arXiv.2407.10247.

Siderska, Julia, Thomas Suesse, Lili Aunimo, et al. 2023. „Towards Intelligent Automation (IA): Literature Review on the Evolution of Robotic Process Automation (RPA), Its Challenges, and Future Trends." Engineering Management in Production and Services 15: S. 90–103. doi:https://doi.org/10.2478/emj-2023-0030.

Sonnabend, David, Mahei Li, und Christoph Peters. 2025. „LLMs for Intelligent Automation – Insights from a Systematic Literature Review." In 20th International Conference on Wirtschaftsinformatik (WI). Zugegriffen: 13. Dezember 2025. https://www.alexandria.unisg.ch/handle/20.500.14171/123682

Stowasser, Sascha. 2025. „Frameworks for the Structural Integration of Artificial Intelligence – Comparing Organizational Approaches." Industry 4.0 Science 2025(5). doi:https://doi.org/10.30844/I4SE.25.5.138.

Vaccaro, Michelle, Abdullah Almaatouq, und Thomas Malone. 2024. „When Combinations of Humans and AI Are Useful: A Systematic Review and Meta-Analysis." Nature Human Behaviour 8(12): S. 2293–2303. doi:https://doi.org/10.1038/s41562-024-02024-1.

Vela, Daniel, Andrew Sharp, Richard Zhang, et al. 2022. „Temporal Quality Degradation in AI Models." Scientific Reports 12(1): 11654. doi:https://doi.org/10.1038/s41598-022-15245-z.

Villarreal, Ricardo. 2025. „Single Agents to AI Teams: The Rise of Multi-Agentic Systems." The Microsoft Cloud Blog. Zugegriffen: 6. Januar 2026. https://www.microsoft.com/en-us/microsoft-cloud/blog/2025/12/04/multi-agentic-ai-unlocking-the-next-wave-of-business-transformation/

Walmart Global Tech. 2025. „Inside the AI Network Orchestrating Walmart's Fastest Holiday Deliveries Yet." Walmart Global Tech. Zugegriffen: 18. September 2026. https://tech.walmart.com/content/walmart-global-tech/en_us/blog/post/inside-the-ai-network-orchestrating-walmarts-fastest-holiday-deliveries-yet.html

Wang, Lei, Chen Ma, Xueyang Feng, et al. 2024. „A Survey on Large Language Model Based Autonomous Agents." Frontiers of Computer Science 18(6): 186345. doi:https://doi.org/10.1007/s11704-024-40231-1.

Wei, Jason, Xuezhi Wang, Dale Schuurmans, et al. 2022. „Chain-of-Thought Prompting Elicits Reasoning in Large Language Models." Advances in Neural Information Processing Systems 35: S. 24824–37.

Wooldridge, Michael, und Nicholas R. Jennings. 1995. „Intelligent Agents: Theory and Practice." The Knowledge Engineering Review 10(2): S. 115–52. doi:https://doi.org/10.1017/S0269888900008122.

Yao, Shunyu, Jeffrey Zhao, Dian Yu, et al. 2023. „ReAct: Synergizing Reasoning and Acting in Language Models." In The Eleventh International Conference on Learning Representations (ICLR 2023). Zugegriffen: 11. Juni 2026. https://openreview.net/forum?id=WE_vluYUL-X

Zirar, Araz, Syed Imran Ali, und Nazrul Islam. 2023. „Worker and Workplace Artificial Intelligence (AI) Coexistence: Emerging Themes and Research Agenda." Technovation 124: 102747. doi:https://doi.org/10.1016/j.technovation.2023.102747

GPSR Compliance

*The European Union's (EU) General Product Safety Regulation (GPSR) is a set of rules that requires consumer products to be safe and our obligations to ensure this.*

*If you have any concerns about our products, you can contact us on ProductSafety@springernature.com*

In case Publisher is established outside the EU, the EU authorized representative is:

Springer Nature Customer Service Center GmbH
Europaplatz 3
69115 Heidelberg, Germany

**Batch number: 10775786**

Printed by Printforce, the Netherlands